Amaya Enya

NIAYA

NIAYA

© Amaya Enya Ortiz, 2020

Email: enyaboricua10@hotmail.com
Facebook: facebook.com /amayaenyapr
Instagram: @amayaenya_
Poetry blog: amayaenyapr.wordpress.com

Diseño y montaje de cubierta: Greicha Febus
Ilustración de cubierta: © Laureano De Jesús

ISBN: ISBN: 978-1-6413-430-5
Impreso en Puerto Rico

A Mia, que es más de ella que de nadie…

Ojalá nunca me mires
como el que de pronto recuerda algo
que se le había olvidado.
Elvira Sastre

Quien huye de sí mismo nunca llegará a su destino.
Elvira Sastre

Que lo cálido de nuestros abrazos abriga a pueblos
perdidos en la sierra
y que me pido excursiones por su mundo interior
sin agua siquiera.
Nadie sabe que he podido parar el tiempo al mirarle.
Y que más me sigue gustando porque no se da ni cuenta
de lo que tiene montado aquí dentro.
Vanesa Martin

Y esto de tener hábito de ti
y aún así sentirme en deuda...
Vanesa Martin

Mientras haya unos ojos que reflejen
los ojos que los miran,
mientras responda el labio suspirando
al labio que suspira,
mientras sentirse puedan en un beso
dos almas confundidas,
mientras exista una mujer hermosa,
¡habrá poesía!
Gustavo Adolfo Bécquer

¿Qué es poesía?, dices mientras clavas
en mi pupila tu pupila azul.
¿Qué es poesía? ¿Y tú me lo preguntas?
Poesía... ¡eres tú!
Gustavo Adolfo Bécquer

LA RAZÓN POR LA QUE SONRÍES

Soy la única que está despierta en nuestro sueño.
Aunque hace un par de días no existías mas que en ellos.
Soy la única que desespera por tenerte cerca,
por ser quien te abrace y con quien mires las estrellas.

Porque tú eres la verdad de otro planeta.
Eres libertad, pisando fuerte para dejar huellas.
Por tanto sufrimiento, te ha llevado la vida entera,
arrimarte a tus alas y volarte la pena.

Quiero ser un susurro cuando te falten ganas,
de ver la vida pintada como te dé la gana.
Quiero ser las montañas de tus playas infelices
para que escapes a mis brazos cada vez que te sientas triste.

Quiero ser un cielo bonito
cuando estés en tormenta y sientas frío.

Y protegerte de cualquier tonto ruido,
que por más inútil que sea, siempre estaré contigo.

Quiero ser el enlace y despeinarte todos tus matices.
Quiero ser las razones por las que recuerdas,
despiertas
y sonríes…

NO HAGAS CASO

No hagas caso de lo que escribo,
no hagas caso de lo que digo.
No te sumerjas en mis deseos,
para luego borrarte de mis pensamientos.

No hagas caso de mi mirada,
cuando te miro fingiendo no sentir nada.
No hagas caso de las caricias,
que te mando al viento y se marchitan.

No le hagas caso a mi recuerdo,
si no te provoca venir corriendo.
No hagas caso de mi sonrisa,
que por ser más tuya olvida las prisas.

No hagas caso de mis sueños.
No hagas caso de mis miedos.
No hagas caso a mi vida,
pues está hecha de recuerdos.

No hagas caso a mis silencios
cuando griten robarte un beso.
No hagas caso de mis manos
si no alcanzan moverte por dentro.

Mi mente solo está hecha de polvo:
de estrellas, de aire y océanos,
que siempre terminan – que siempre termino,
en ti.

ERES

Descifrarte es mi pasatiempo.
Voy por la vida deambulando tu recuerdo.
Saboreando cada paso en mis intentos,
que me acercan y de repente me tiran lejos.

Extraño esa mirada de días tiernos,
como cuando me acariciaban como mi espejo.
Extraño ser fuerte y paciente sin temor al tiempo,
que con o sin distancia, eres con quien vivo mis sueños.

ME HE ROBADO EL ALMA A MÍ MISMA

Me he robado el alma a mí misma,
he ultrajado mis sentimientos.
Te has robado mi corazón y
lo has hecho tuyo sin tiempo.

Mientras la luna me espera
y nos juntamos a tu regreso,
has superado mi alegría,
y le has ganado a todos mis miedos.

Has roto todas mis reglas,
me has llevado hasta el cielo.
Has cambiado el destino
y me has hecho tuya en cada sueño…

TÚ ME VAS A DAR ALGO

Y es que esa sonrisa me estremece los huesos
y me sacude un suspiro de mitad de verano.
Me hipnotiza lo que sueñas y cómo me lo cuentas,
es la imagen de tus labios la que me trae la primavera.

Tú me vas a dar algo,
como un no sé qué, prendido en llamas.
Como viento de huracán lento
que me seduce y arrebata mis mañanas.

Me vas a dar nostalgia de saberte cerca
cuando van los sueños a distancia.
Me vas a dar ganas de salir corriendo
a darte los motivos que te faltan.

Me vas a dar algo importante
sin envolturas ni palabras.
Me vas a devolver las sonrisas
que regalé a prisas por una sola alba.

Me vas a rellenar por dentro
cuando me beses con la mirada,
cuando provoques a tu luna,
hagamos silencio
y seamos alma.

Tú me vas a dar algo,
tuyo y mío, pero de nadie.
Magari una realidad que se sueña,
o un sueño que nos queda grande.

NANA PARA EL ALMA

Que tu voz, es el sonido de calma,
es el mar que te lleva y trae;
es una nana para mi alma,
disfrazada de voz...

Y tú, eres la ilusión que te queda pintada,
el tiempo que no pasa,
el detalle más bonito de una galaxia,
disfrazada de ti...

ALGO QUE NO SABES

Hay algo que no sabes
pero eso ya nosotras lo sabemos.
Que hay noviembres donde acaba el invierno,
y hay inviernos que nunca acaban.

Que podemos empezar
para ver cómo acaba,
solo si somos conscientes
que nunca acaban, las personas que aman.

Que hay inicios que cierran un ciclo,
y hay otros que terminan al principio.

¿Qué tan consciente somos, amor?
¿Qué tanto merecemos para desafiar nuestro cielo?

SUEÑA TU SUEÑO

No puede ser de otra manera
porque todo es, como en ese momento sea.
Todo puede cambiar con un poco de espera,
cuando le des a los sentidos un minuto, para tomar fuerzas.

Pero esos sentidos no pueden verse.
Son infinitos, son diferentes,
a las realidades que sacuden tu mente,
y a la misma vez a tu corazón hacen fuerte.

¿Qué se hace con el corazón y la mente?
¿Qué se hace con su juego insistente?
Cuánto daría yo por saber lo que sientes,
por convertirme algún día en todo lo que te mereces.

Al menos quiero ser un chin de tu verdad.
Quiero ser esa posibilidad de hace un tiempo atrás.
Pues, aunque quisiera no dejo de pensar
que el dolor del hoy, mi nombre debe llevar.

No digo nada, pero soy cantos.
Mis sentimientos gritan seguir tus pasos.
Pero giro entorno a lo que merezco,
y mi alma sueña, estar en tus sueños...

A SU PADRE

Hay días que me es muy difícil recordar su cara,
pero por muy extraño que suene, siento que conozco su alma.
Tuvo una vida que no hay quien aguante las ganas,
mas una familia que por amarte, se desgarró el alma.

Es muy complicado, quizás, notar las mañanas
porque las tardes siempre han sido hermosas con
esos hijos que lo acompañan.
Nunca he estado ahí, solo mis ganas le hablan,
al morir de ganas por estar silente
en conversaciones en las que solo soy una extraña.

Escribo por tenerte cerca,
aún cuando siento que cada vez más te separan,
de tus hijos, tu amada,
y de las razones en tus entrañas.

Cuando más siento que quieres más algunos te rebasan,
y si supiera de la hermosa luz de su hija,
y con HD como veo las mañanas,
son seres invencibles que me inspiran
y me recuerdan, que es ser amada.

NO EXISTEN PALABRAS

Si no existen las palabras correctas,
¿cómo le cuento que me muero al verla sufrir;
que se ha metido muy dentro,
y a mi corazón, le provoca reír?

Quiero ser el ancla de su felicidad
para traerla de vuelta a casa
cuando sienta dejarlo todo sin mirar.
Enseñarle todo lo más bonito que la vida ahora le esconde
pero se lo guarda para hacerla luego suspirar.

Quiero ser la certeza
que ilumine siempre sus mañanas,
y que siempre entren por su ventana
razones para creer en su bondad.

ALMAS AZULES

Siempre he soñado con el sabor de tus labios en mi taza,
y que tu boca me traiga ese olorcito a café.
Que seduce cada esquina de mi cuerpo y de la casa,
y se queda impregnado en las vitrinas del ayer.

Fue el choque del viento contra el pasado,
y unas ganas inmensas de perder aquel tren,
donde por vez primera sentí tu mirada,
donde por tercera vez volví a nacer.

Fue respirar aquel cielo bonito
que se arrugaba cuando te encontré,
y yo queriendo protegerte del frío
con unas pocas palabras en un viejo papel.

Fue un choque de almas que temen de frente,
y bailan silentes porque no las pueden ver.
Son almas azules, se besan la frente,
y acaricio tus miedos, para verte volver.

DANZA

Hay personas que te respiran,
que respiras y son aire.

Son olores y las hueles,
y te huelen sin haberlas visto antes.

Son sueños y deseos,
que escondes en el cielo.

Que sin ver ni tocar
te abrazan en silencios.

Son danzas modernas entre estrellas
que resuenan y te pintan el cuerpo,

son símbolos de vida que te soplan
y te guían a ser más tiempo…

AGUJERO NEGRO

La vida sigue siendo un agujero negro en el espacio.

La gente creyó cuando les dijeron
que descubrieron la Tierra,
y que ésta tenía vida.
Pero esa vida que descubrieron flotando,
en una galaxia del universo,
no es vida…

(Y nosotros le creímos a la gente).

La vida es un agujero negro;
la vida sigue flotando.

El ser humano solo fichó vista
al punto de inicio
de algo
que no
tiene
fin…

RÁPTAME

Necesito que me raptes,
que me secuestres la vida.
Que no escuches lo que calles,
que te sientas bienvenida.

Necesito que perdones,
al destino y su movida.
Reconcíliate con tus estrellas,
pues ellas siempre han sido mi guía.

Encuéntrame en tu camino,
encuéntrame entre la niebla.
Búscame en tus dudas
que yo siempre seré certeza.

Búscame en tus miedos,
que seremos su alegría.
Búscame sin rumbo,
y jamás estarás perdida.

Ráptame el alma,
que te siente confundida.
Ráptame el tiempo,
¡que te quiero ver sin prisas!

Rapta mis sueños,
que son tuyos, si eres mía.
Encuéntrame en tus alas,
y ya nunca más serás herida.

ESPEJO

Nunca pude entenderme sin tus palabras,
cuando llegaste de una, descifraron mi alma.
No me había visto antes de que llegaras,
sin aviso previo por primera vez, me vi amada.

Somos espejo,
pero su belleza me rebasa.
Su paciencia me gana y me hipnotiza
la simpleza de su alma.

Ella es mi reflejo
cuando expreso lo que creo.
Es la pintura de mi vida,
resumida y sin mis defectos.

Es el reflejo de lo que a veces escondemos.
Es la alegría de vivir el momento.
Es la certeza de que siempre tendremos miedo.
Es mi mejor versión en cada vida que cuento.

¿CÓMO NO ENTREGARLE EL MUNDO SI TIEMBLA EN SUS MANOS?

Los árboles echan raíces cada vez que nos abrazamos.

Su sonrisa detiene a cada ave de paso,
cambiando el destino de donde fueron llamados.

En donde exista miedo, recoge sueños.
Convence tus dudas, a llegar más lejos.

Encuentra razones cuando estás mar adentro,
para navegar más profundo hasta que podamos vernos.

DESEOS

Te veo en mí.
Te siento viva.
Aunque no te tengo
eres mi alegría.

Y no quiero tenerte
quiero saberte a medida.
Ser contigo, imposibles
y que seas conmigo solo risas.

Sabernos la vida
que tardamos coincidirla.
Conocer esos secretos
que nos contamos a nosotras mismas.

Saborear tu mirada
y perderme en tu nada.
Ser el eco de tu sonrisa
y con ella despertar cada mañana.

GANAS

Cierro los ojos
y ahí estás sonriendo
mirándome de frente,
haciendo nudos en el cuento.

Quemándome los ojos
esos labios que enamoro.
Despeinándome la vida
que no vivo poco a poco.

Son las ganas que tengo
de entregarlo todo.
De entregarte tus sueños
de vivirte con ellos.

Quiero conocerte toda,
explorar tus silencios,
combinar los vacíos
y moverte por dentro.

QUE LA VIDA NO TE TOQUE

Que la vida no te toque
que ya has sentido todo.
Demasiado ruido a los ojos,
demasiado tiempo sin correr.

Tus recuerdos los recojo
para vivir en tu ayer,
para entenderte los daños
para verte volver.

Y recuperarte entera
que te duermas en mi piel,
porque soñarte despierta
siempre ha sido un placer.

Que la vida no te toque
que ahora aparecí yo,
para borrar tus temores
y sanar tu dolor.

TU VUELO

Me haces falta,
le haces falta a mis días.
Le has echo falta a mi vida
hemos sonreído sin prisa.

Le has echo falta a mis miedos,
me haces falta si duermo.
Has abrazado algún sueño
aunque nunca he estado en ellos.

Le haces falta a la vida
que ha simulado tu risa.
Hemos saltado de vías
hacia calles sin salida.

Me haces falta de nuevo
si no te leo, me pierdo.
Me haces falta, mi cielo.
Me hace falta tu vuelo.

INVENCIBLE

Siempre he querido a alguien
que es como el aire.
La siento, pero no la veo.
Me ve, pero es solo un juego.

Su vuelo me eleva
a sentirme alguien,
y es mi cielo el que
hace que sus alas ganen.

Es la caricia más sutil
de alcanzar un sueño.
Y la nostalgia fatal
de saber que no temo.

Que sus alcances son divinos
y me desmoronan.
Que sus niveles van por encima
de ser mi historia.
Que no entiendo ni un minuto
del 'tan tarde pero tan a tiempo',
cuando la vida se empeña en
la distancia de sabernos, sin tenernos.

Siempre he querido a alguien que es como el aire…invencible.

ME DESPIDO

Me despido sin que me mires.
Me alejo para que no aprendas nunca como irte.
Me despido sin ver tus ojos, para que nunca guardes
la imagen del abandono.

Me voy, pero no me veas,
que no quiero que aprendas a ser ausencia.
Me voy sin que me mires,
para no convertirme en tristeza.

Me voy y espero no irme,
y que me esperes como el olvido espera.
Espérate, olvídame - olvídate de esperas,
que me voy a tenerme más cerca.

No cuentes mis pasos que se alejan,
cuenta las estrellas que me llevan.
Me voy para dejarte mis huellas
- porque nunca he pisado más fuerte una casa -
que estando fuera.

Espero que lo olvides.
Que no mires.
Que me detengas.
Que no te detengas.
Que no me recuerdes.
Que no regreses.
Que yo no vuelva.

Me voy y espero que lo olvides
(para así tener que volver, a recodarte…).

NO EXISTO

Me gusta sentir que no existo.
Estar sola es mi arma secreta.
Me gusta que no sepan si estoy
y que, si estoy, no vengan.
Me gusta hacer mi vida con las estrellas.

Nunca he sabido existir.
Creo que nunca he querido ser feliz.
Todo lo que vivo es volver a mentir,
porque la fe nunca ha creído en mí.

MI LUGAR EN EL MUNDO ERES TÚ

¿A dónde te lleva mi recuerdo?
¿Qué lugar es ese en donde estoy yo?
He coleccionado mil momentos
pero sin ti en ninguno sale el sol.

Aún no encuentro mi lugar en el mundo,
aún convivo con mi dolor.
Con el rechazo de ser presente,
y con el olvido de cualquier amor.

Sigo huellas en el aire,
voy de sus ojos al adiós.
Sigo ganas que llegan tarde
a la puntualidad de ser más yo.

De ser más mía que de todos.
De abrazarme siempre a tu emoción.
De volver a verte sin que calles
que seremos siempre la ilusión.

Aún no encuentro mi lugar en el mundo… pues
no sé dónde te encuentras tú.

COMPARTÁMONOS

No quiero ser tu dueña,
quiero que te adueñes de tu vida…

Y que te compartas conmigo
para crear consciencia
que de sueños salimos
a la superficie de afuera.

Que no hay mañana más bonita
que vernos de cerca
y la utopía se crea
en la curva de tus caderas.

Solo el instante de tus ojos
revela y comprueba
que el mejor lugar del mundo
es tu vida entera.

Y te necesito entera,
no existes de otra manera.
Eres infinito,
y en mí siempre serás eterna.

No quiero que me pertenezcas,
sino que te compartas conmigo.
No quiero pertenecerte,
quiero compartirme (toda) contigo.

DICTADURA PERFECTA

Ni mía ni de nadie, ella es de la vida…
Y está por encima de todas mis luces,
y me derrumba cada vez que me mira.

Aunque no encuentra estar por quien la vea,
ha enterrado el polvo de sus estrellas
para no dejar más huellas,
para dejar brillar a quienes la rodean.

Sigue maneras que dictan su pena.
Le dictan canciones que cantan sin ella.
Me dicta milagros su sonrisa de arena,
y desembocar en su mar es la dictadura perfecta.

LA VIDA ME LA VOLVIÓ A HACER

No sé por quien me toma
ni mucho menos cuál es su juego.
Pero mi corazón solo es uno
y es todo lo que tengo.

No tengo millas
si no están tus besos.
No me queda alma
al verte de lejos.
No me da el aire
que llevo dentro
para volar la pérdida
de tu cielo.

Te llevaré a otra vida donde pueda amarte.
Y contaré los lunares que no te contaron antes.
Crearemos la historia más bonita de Marte y
jugando con sus lunas, ganaremos arte.

No soy mucho y no me lo merezco.
Por eso la vida me la hizo de nuevo.
Llegué a pensar que llegué a tiempo,
al abrazo que aún nos seguimos debiendo.

CINTURA DE ESPEJO

La vida me ha dado y me ha quitado sus ojos,
pero yo me quedo con los momentos vividos.
Me queda su sonrisa entre mis vestidos,
me queda el recuerdo de lo que nunca fuimos.

Me voy con su vuelo a despeinar el cielo,
y en su ventana voy a tejer sueños.
Voy a amarrarle la luna en su cintura de espejo,
para que nunca le falte mundo que la inspire por dentro.

Quiero ser viento y enredarme en su pelo.
Devolverle el brillo que opaca sus miedos.
Quiero que el tiempo me conceda silencios
para rellenarlos con sueños, y en su boca mis besos.

ABONO AL ALMA

A veces me cuento mis cosas a mí misma
para así recordar cuanto valgo.
Porque hay cosas que vives y no dejan de mirarte,
mientras otras en silencio pasan
para ver si me salgo.

No importa la insistencia en si somos
o no nuestras realidades.
Muchas veces hay que ser realista
para creer verdades.
Que las personas son espejos de
nuestros peores momentos,
y los mejores se esconden
hasta creer de nuevo.

Todo lo tangible se embriaga
para ser cuento.
Y solo en las leyendas encontramos
sentimientos.
Que sentimos,
que nos dan,
que tiramos al miedo.
Para ser 'fuertes' de verdad
y sin verdad,
rompernos.

CUARENTENA

Parece que volvimos
para vernos volver.
Para vernos crecer
y bebernos la sed.
Parece que el hombre
nunca supo el saber,
y a las escondidas vimos,
que no sabíamos ser.

Ahora el viento nos danza
a un nuevo compás,
y el canto de un ave
nos hace volar.
Nos echan un cuento
de lo que no vemos más,
y calman la angustia
de no poder abrazar.

Sus melodías surgen de
un nuevo pajal.
Y serenamente alivian
cualquier malestar.
Nos hablan de un mundo
que debe sanar,
y si somos conscientes,
volveremos a estar.

Volveremos al tiempo,
que ahora no pasa y nos ve pasar.
Volveremos al aire que se estabiliza
para poder respirar.
Volvimos a nuestras casas,
con nuestras familias en un momento fugaz.
Volvimos a ser más fuertes y
a ponerle corona a la verdad.

Volvimos al 6to grado de la
Escuela de la Vida, elemental.
Volveremos a ser vastos y a
caminar las calles del Viejo San Juan.
Volveremos a justificarnos y
la Madre Tierra nos perdonará.
En silencio volveremos para
poder vernos con ventana al mar.

ESTARÉ OLVIDÁNDOME

Estaré olvidándome del fuego y de excusas en llamas.
Estaré olvidándome del silencio
que me dio cada vez que me faltaba.
Estaré olvidándome del miedo
que con insolencias nos arropaba
y vendía cada sueño dibujado para que la lluvia lo secara.

Estaré olvidándome de su reflejo
que se queda a dormir sin ver la mañana.
Estaré olvidándome de su sombra
que siempre fue luz, aunque no la encontraba.
Estaré quedándome a dormir en recuerdos
y abrazaré su sonrisa cerquita del alma.
Sin vaciarme de vida abrazaré los motivos
que me vieron amarla.

Estaré olvidándome del pedazo de angustia
y de cada herida que lleva incrustada.
Estaré olvidándome de sus cenizas
y como en colores me pintaban.
Estaré desecha mientras camino por el vacío
por quien me espera.
Estaré olvidándome a llegar…
Estaré esperándome a olvidar.

EN TU BOCA, MI RESPIRO

Qué mucha agua ha caído desde que decidimos y fuimos.
Qué muchas lágrimas me han dicho
que es tu ausencia mi delirio.
Que son razones ilesas que me dejan sin habla
y el miedo a que pierda la luz que tanto esperaba.

Qué muchos sueños han ido sin alas ni vestido.
Qué tanto apostamos a morir sin ir vividos.
Qué tanto es tu cuerpo y mi dolencia por sentirlo,
sin tener las madrugadas en tu boca, mi respiro.

NUNCA SOÑÉ

Fue todo sin prisa
y se nos hizo tarde.
Somos víctimas de un mundo
que no tiene madre.

El tiempo se esconde
y se pone tras de ti.
No importa el enfoque,
soy nada sin ti.

No corrimos por miedo a caer.
Nunca supimos vivir el ayer.
Pero nos ganaron las ganas de vernos volver,
nos convertimos en el sueño que nunca soñé.

Ahora el alba de mis sueños
se pone frente a mí.
Son sus ojos los que espero
y los que veo partir…

¿SUERTE?

No le encuentro sentido a nada.
Nada bueno me puede pasar.
Tengo la suerte maldita,
tengo mil sueños sin usar.

La vida vive de mis cenizas,
solo sus ojos me pueden salvar.
He vivido por su sonrisa
aún cuando nunca la vi llegar.

Voy por un hilo que nada extraña.
Soy solo extraña en mi bienestar.
He conquistado todas mis ganas
para viajar firme en mi verdad.

Necesito ser en la nada.
Necesito verte llegar.
Para encontrarme en tu mirada
y no volver a mirar atrás.

TIEMPO JUSTO

No mires al pasado,
dime lo que quieres sentir.
Ya sabemos que no es suerte
el tiempo ni el vernos venir.

No me imaginé sentir lo que llevo callado.
Son tus labios los que quiero que vengan por mí.
Sé que necesitas tiempo y ese volando,
nos dio por sentado un mismo latir.

Fui la brisa y el viento.
Fui buscando una flor
para poder respirar
que tuviera tu olor.

Se enredaron los cuentos.
Se detuvo el reloj.
Supimos escuchar los versos
de la misma flor.

Nunca fuimos intención
jugamos a los dados.
Y nunca voy a querer a nadie
que venga sin ti.

No tuvimos prisa
y tarde fue que nos miramos.
Tengo el tiempo justo
para hacerte reír.

TECHO

Nadie se va de un hogar que le quite el frío,
aunque cambiar de aires nos venga bien.
No hay que ir y venir por los pasillos,
si tienes un techo que sirva de piel.

Como estar en un barco y la marea sube,
como cuando el aire te sopla y te hace correr.
Pero estás inundado de miedos sin luces,
y es tu propia madre quien te hace llover.

Y empieza una guerra entre sentir o quedarte,
hasta que pase el ruido y la marea se calme.
Y no quedan fuerzas para levantarse,
de nuevo sin sueños que les falta el aire.

Que te hacen más fuerte
pero son de nadie.
Que estás solo en el tiempo
y no sientes cuidarte.
No quieres amarte,
sanarte,
lucharte,
cantarte…
Si buscas razones, no hay nada,
no hay arte.

Solo encuentras vacíos en tus semejantes,
y recuerdas el hielo en el plato de tu padre.
Es tu vida un techo que no deja de filtrarte
preguntas que contestas como vivir en la cárcel.

Solo piensas huir y declararte culpable.
Un hogar no es un hoyo, son las ganas de quedarse.

Se abandona un hogar cuando no queda
más de ti para quemarse y lo que resta de ti,
o lo cuidas tú, o no lo hace nadie.

EL MILAGRO

Ella es un milagro, y pasó…

Fue un milagro en mi vida,
el que me hizo entenderla.
Fue un milagro en la vida de todos,
hasta en los que nunca creyeron en ella.

Todos buscamos que nos pase un milagro
para nunca vencer a las magdalenas,
pero más allá de la luna cuando se acuesta
es el agua quien purifica sus penas.

Necesitamos los milagros que nos pasan diarios.
Porque son más desapercibidos,
con más razón los necesitamos.
Necesitamos la angustia que se aferre a un milagro,
para poder sostener al corazón cuando es muy fino
el hilo del engaño.

Necesitamos más gente como ella,
para hacernos fuerte cada día
no importa cuánto duela.
Necesitamos amanecer con su luz,
para que cuando pase un milagro
todos lo vean.

Fue su vida un milagro en la mía y en las estrellas.
Fue un escrito en oro cuando Dios tuvo su idea.
Es el brillo de su mirada que viaja en el tiempo
de quien espera.

Quiero que el mundo gane sonrisas
para que un milagro nunca se pierda.
Solo un milagro como ella viene pintado en certeza.

La bondad de su alma desenfrenada
sana despacio, es belleza.
Queremos que nos pase un milagro,
pero la espera desespera.
Cuando el dolor grita
todos callamos,
cerramos los ojos,
y llega ella.

Ella era un milagro, y pasó.

EN BAJA

Te mereces más noches frente al mar.

Tú eres el deseo y la estrella fugaz.

Eres el pulso que me hace sanar.

Cada vez que te sueño,

te haces realidad.

VOLVERTE A VER

Que mucho uno se equivoca,
cuántas hojas habrán quedado huérfanas al caer.

Es el tiempo que me peina y me deshoja,
al pensar que ya no hay vida para volverte a ver.

Aún recuerdo cuando el tiempo
no corría hacia el vacío.

Cuando el suelo inquieto
nos movía los pies.

Nos pintaba un camino
precioso a ratitos.

Éramos tú y yo
frente aquel atardecer.

MÚSICA DE LA BUENA

¿Cómo explicarla? Ni yo misma entiendo
todo lo que me hace sentir.
Soy amante de ella como de los detalles,
que podría venir siendo lo mismo…
Soy amante del cielo, las nubes y las estrellas.
No hay un día que pase sin que yo las vea y
ellas me vean.
Y oyen voces como yo las veo, y ven voces
como yo las oigo.
Un instrumento para la verdad no utilizada, la manera
más fácil de romper un corazón o por amor
hacerlo estallar.
Una herramienta poderosa.
El segundo que separa la vida de la muerte.
Un arma blanca para cualquier color de alma.
Hay voces dulces y matizadas
que te hacen sentir
a prueba de bala.
Que sin explicación alguna,
ni de tonos ni de palabras,
sabes que es a ti a quien señalan,
y te sanan.

En cambio, la de ella, es como ninguna otra.

La de ella tiene profundidad además de dulzura
y te cala dentro, muy dentro como para querer amarla.
Su voz es serenidad y tiempo.
Es una paciencia sublime
que solo te da sensaciones de viento.
Te roza la cara y te congela el centro.
Está llena de tristeza y soledad, por eso te lleva lejos.
Tiene intriga, tiene historia.
Se disfraza de la tristeza más bonita y la soledad más

acompañada, pero solo de ti, de ella;
de quienes la habitan.
Te despeina las horas y las ganas.

Solo una voz como la de ella
puede hacer del dolor una escala.

Una escala musical mayor.
Te cambia el ánimo,
te pone alegre,
te pone alas.
Y vuelas.
Y te hace feliz escuchar la transformación del dolor,
la tristeza y la soledad, en algo bonito.
En ella.
Y ya no existen.
Ni en tu vida ni en la de ella.
Ahora es música y música de la buena.
Su voz como la aurora pinta la noche más oscura,
y su respiración es aire de estrellas.
De repente es noche, y el cielo más bonito y claro te sueña.
Las estrellas son sus lunares y el viento (siendo ella)
te besa entera.

Es el efecto de la transformación.
Es la oruga y la mariposa.
Es su voz y su respiración
y en su respiración,
encuentro el aire,

que quita la sal de mis heridas.

ME HE TENIDO QUE HACER FUERTE

Ya entendí que no tengo espacio en tu vida.
Aunque cuando miro dentro de tus ojos,
solo veo espacio entre heridas.
No ha sido nada fácil aceptar esta maqueta,
y duele siempre saber que para mí tu puerta se cierra.

Pero siento que tu vida en mí se pelea.
Y dentro de mí solo viven primaveras.
Que porque te pertenecen llevan tu fuerza,
y es por eso por lo que sigo en tu lista de espera.

No he sido más que un ave que se encierra
a la vida que se quiebra entre tus cadenas.
Soy un rayo de luz y el amor que te espera.
Tú eres el vacío, y yo el salto que te llena.

DENTRO DE TI

Tú háblame de los planetas,
las estrellas y las galaxias.
Yo te voy a escuchar.
Luego déjame sentir.
Porque el universo se puede sentir
dentro de ti
si uno realmente escucha.

CREO

Bonita, te quiero.

No sé (y honestamente lo dudo)
si puedes sentirme en estos momentos,
pero me gusta creer que sí.
Y te tengo cerca
(porque creo).
Y te veo a la cara, y te toco el pelo…
(porque creo).
Y me acerco a tu oído y te digo que te quiero, de nuevo.
Y una vez más
(creo).

Total, que te lo diga un par de veces es nada
porque te querré muchas veces más…

SABER

Saber que nos sabemos.
Poder saberlo con una mirada.
Saborear los momentos de inventar pretextos
y cada pisada falsa.

Que conocemos lo que sabemos,
aún cuando no sabemos nada…
Solo las sonrisas y el eco
que queda en la sombra de ambas.

CONMIGO, CONTIGO

No sé porqué lo hago, pero lo hago. Te quiero.

Y me nace una necesidad inmensa de protegerte.
Y tenerte. Segura.
Y conmigo.

Y que estés bien… conmigo.
Y romperte las cadenas que te amarran el cuello
hasta liberarte… contigo.

Y que sueñes. Tanto que vuelvas a soñar de nuevo todos
esos sueños que olvidaste, y que de ti son parte… conmigo.

Y ayudarte a desarmar ese rompecabezas de tu mente,
hasta los miedos desarmarte...

Y que sanes… conmigo.
Que tu voz cante… conmigo.
Que tu cuerpo baile, con el mío y se enreden a no soltarse.

Y que no pares de buscarte… conmigo.
Que caves tan hondo hasta hundirte… conmigo.

Y que te salves.
Que te halles y vuelvas a buscar… contigo.

Que una y otra vez te busques hasta que ya, a solas,
no te encuentres más.
Que otra vez y una te encuentres,
siempre conmigo.

SIN EXPLICACIÓN

A mí nunca vas a tener que darme explicaciones,
yo siempre voy a apoyar tus decisiones.

Que solo quiero lo mejor para ti.
Lo que tu corazón quiera, yo también lo voy a querer.

Siempre voy a apoyarte en todo,
solo quiero que estés bien, que seas feliz.

Si no se pudo, no se pudo. Ya está.
No quiere decir que vaya a dejar de intentarlo – (hacerte feliz).

Nada va a ser igual sin ti.

EL CENTRO DE MÍ

Me considero una persona súper paciente,
y siento que he llegado a descubrir mi centro interior,
para balancearme en situaciones difíciles.
Y no es tarea fácil,
me llevó años de práctica
y aún perfecciono la habilidad.
Uno es tan frágil por dentro que es demasiado simple
perder su centro cuando nos pasan cosas no gratas
ni agradables, pero yo he trabajado para mantenerlo
fijo lo más que pueda,
y lo he logrado.

Bastante en mi opinión.
Pero al final del día, es solo mía…

La vida me ha puesto varias pruebas para probar
mi fuerza – demasiadas para los años que me cuentan,
pero cuando te siento a ti en peligro pierdo mi centro.
Cuando te siento triste o angustiada, me desbalanceo.

Estoy siendo fuerte, como la vida me ha enseñado.
Fuerte para volver a mí en esos momentos sin balance,
pero siempre me inclino a ti.

Realmente solo quiero volver a ti para abrazarte,
y de paso abrazarme.
Y abrazarnos.

Volver a ti es volver a mi centro.

ALMAS GEMELAS

Cuando la encontré, visualicé toda mi vida en segundos.
Lo que no habían hecho 26 años, un instante le dio forma.

Pude verle hasta el final.

Además de que me complementa, me completa.
Le di estructura a mis sueños,
y más valor a mis aspiraciones.

Pero así son las almas gemelas….

Es la vida en otra persona.
La vida entera, en su lugar.

NO SOLO

No solo fueron tus ojos
pero primero vino tu sonrisa.
No solo fue tu pelo
ni el viento que lo hipnotiza.

Fue entender tu alma
y el reflejo de tu mirada.
Fue solo el instante de mirarte
cuando pude sentir mis alas.

Fue acariciar tus sueños
con los recuerdos que me quedaban.
Y en tu belleza aves de ironía
cantaban poesía, y te señalaban.

DEJARSE DE VER

Se le hace tan fácil olvidarme.
Se le hace tan fácil desaparecer.
Se le hace tan fácil no buscarme,
mientras yo lo hago en cada amanecer.

Se le hace tan fácil esconderse en flores,
las que yo recojo a su merced.
Se le hace tan fácil ver sus dolores,
que se sumerge para no volver.

Se le hace tan fácil no ver el cuadro
del paisaje que le pinté.
No entiende lo que veo en sus ojos,
para ella es muy fácil,
dejarse de ver.

ESTAR

Espero que estés lo mejor que puedas estar.

Y que no esperes estar bien,
ni esperes estar mal.

Espera solo estar…
Y no esperes.

Que me esperes.

Y estés.

MIEDO

Ya me da miedo cada vez que se va.
Me da miedo encontrarla mirando hacia atrás.

Me da miedo tenerla solo en sueños y en el mar.
Me da miedo que el tiempo aún no sepa la verdad.

Me dan miedo mis ojos que solo ven su bondad.
Me da miedo el silencio que ella siempre me da.

Me da miedo su risa porque, aunque lejos,
me sabe cuidar.

Me dan miedo sus labios,
que cuando alcanzan los míos,
me hacen inmortal.

TODO SE MUEVE

El poder de lo obvio
frente al miedo de lo nuevo.

De negarse a una verdad mejorada.
Al cambio.
A la vida misma.

Y al final todo se mueve,
todo cambia,
todo pasa…

y vuelve a empezar.

LIBRE ALBEDRÍO

Para poder escoger unidad,
debe haber diversidad.

Para poder escoger la certeza,
debe haber duda.

Para poder escoger la luz,
debe haber oscuridad.

No se trata de las cosas con las que eres confrontado,
se trata de lo que escoges ver,
y lo que escoges hacer con ellas.

DOSIS

Ya necesito otra dosis de tus abrazos,
otro lado que no alcanzo,
que me rebaza tu olor.

Ya necesito oler tu pelo.
Volar de nuevo,
hasta el color de tu voz.

Necesito tu cielo.
Me haces falta, mi cielo.
No hay calor en tu adiós.

Necesito tu abrazo.
Y otra dosis, bien dados.
Necesito, entrar en razón…

GANÓ

Tenía que saber que no pasa desapercibida,
y qué mucho bien me hace su risa,
aunque sé que en esos momentos le costaba sonreír…

Nunca la había visto tan guapa.
Puesta tan guapa, una sonrisa de playa y sol.

Porque así era ella…
Más guapa que un arroyo.
Era fuerte.
Dominante.

Un alma increíble, brillante,
que aguantaba lo que fuese necesario con tal de no perder
la sonrisa para ganarle a la vida.
Sabía que sonreír la haría eterna.

Era invencible,
y ganó.

SIN TIEMPO

A ratos vuelvo a esos mensajes de aquel día,
el único día que te tuve.
Creo que ha sido el día más
feliz de mi vida.
Y no lo digo por decir, es que mi mundo
literalmente paró.

Ya no supe qué era el tiempo, qué era un lugar…
¿Qué era la guerra, qué era el miedo, qué era la tristeza?
Ya nada de eso tenía significado en mí.

Ella era el momento, el tiempo, el clima… ella era.
Era ella, punto.

Y mi mundo tomó un giro que nunca había tomado,
y solo sé que me hizo sentir tanto bien,
que redefiní lo que es el bien. Ella hizo eso.

Van 4 meses y varios días, y es en lo único que pienso.
Esa noche la revivo todos los días.
Es el recuerdo más lindo que tengo de mi vida,
y lo creé después de 26 años de intentos fallidos…

Aún no me explico cómo te perdí,
cómo estoy aquí,
ahora,
sin ti.

Te sentí mía.
Y no es que lo seas.
No fuiste.

Pero fuiste el día que me hiciste tuya;
ese mismo día fuiste mía.

Y no me mal interpretes, no me entregaste tu cuerpo,
me diste mucho más que eso. Mucho más de lo que merezco y
mucho más de lo que soñé nunca.

Me entregaste tu alma y tu tiempo. Y yo hice lo mismo.

No nos dimos cuenta, pero, nos dimos tiempo
y eso fue darnos enteras a cada una.
Fuimos de nosotras, y no existía más nada ni nadie.

Todo se fue a la mierda cuando volvimos al mundo.
Separadas, sin saber qué somos; ni qué hacemos…
nos despedimos ese día pensando que no era el último,
pero resulta que el tiempo ya no corría.

Resulta que el tiempo que nos dimos ya no era nuestro,
y pertenecía a cada cual en su lugar…
pero sin ser…
sin vernos…
sin tiempo.

TUYO Y MÍO

Los mensajes que te envío son tuyos y antes míos.

Las señales que te llegan, las envuelvo en estrellas.

Todas las veces que te sueño, me enredan tus besos.

Las canciones que te escribo se resumen en suspiros.

Los mensajes,
las señales.
El amor,
los sueños.
Las canciones,
el tiempo.
Las estrellas,
y los suspiros, te dedico – siempre han sido tuyos,
incluso antes de ser míos.

Lo que hago y lo que digo,
no para que me quieras te lo escribo.
Porque te quiero te lo escribo,
porque te quiero, te lo digo:

mi amor es tuyo, porque es mío.

QUIZÁS PUEDE

Quizás entre nosotras, para ti, no pase nada,
pero coso tus heridas con mi voz, y sanas.

Puede que, en tu mirada, la vida no pasa,
pero despiertas con haces cada madrugada.

Quizás te nuble el ruido del viento todas tus ganas,
pero naces del cielo y vuelves a volar,
y pasas.

Puede que a tu sonrisa se le quiebre a ratos sus alas,
pero eres fuego y mar que salva vidas,
y pasas.

Quizás no te queden fuerzas para seguir un sueño trazado,
pero cada vez que ríes das mil pasos,
y pasas.

Puede que para mí sea inevitable querer cuidarte.
No dejo de pensar que eres arte,
y pasas.

Quizás mi libertad hace juego con tu calma,
y de noche a las estrellas te pido entera,
y pasas.

Puede que yo no entienda nada de la distancia,
pero te susurro un beso que detiene el tiempo,
y pasa.

Quizás puede parecer que no nos podemos querer,
y que no pasa nada en el alma,
pero pasa.
También pasa el tiempo,
y nuestras almas pasan.

Tu vida pasa,
y milagros pasan.
Cambia el viento,
y las nubes pasan.
Pasa tu silencio,
digo que te quiero,

y pasas…

ME QUEDO

Tú dices que nunca molesto, pero eso es contrario
a lo que siento. Es obvio que no tengo lugar en tu vida.
Que no pinto nada y solo estorbo.
Aún quizás tú no te das cuenta, pero yo sí por la manera en que
me contestas cuando tengo la suerte de los días raros esos en
que sí te da con contestarme...debo agradecerte por ellos su-
pongo.

Cuando ni siquiera ves el mensaje confirmo
que no hago nada de falta, quizás nunca hice hueco ni existió
un espacio a mi nombre, tu mundo está completo sin mí.
Y duele.
Mucho. Te lo prometo.

Pero por alguna extraña razón,
que ni yo misma entiendo,
aquí me quedo.
Intentando.

Estoy en un túnel sin salida
y yo quiero seguir estando aquí,
atrapada, totalmente consciente de ello.
Por ti.
Por la vida.
Por sus jugadas y por retarlas... por el tiempo.
Todo el tiempo que nos quitaron.

Parece que al final de cuentas habita más fe en mí
de lo que pensaba.

Porque me hace daño estar aquí sin respuesta,
sin sentido,
sin ti,
sin nada... pero aquí me quedo.

Me quedo hasta que des señales de vida, y señales la mía.

Me quedo hasta que vuelvas.
Me quedo porque tú te quedas,
y sé que algún día, vas a volver.

SECUELA DE TI

Solo una cosa debes tener clara:
lo único que quiero para ti es que seas feliz.

Todo lo que tengo planeado para ti,
comparte ese mismo fin,
que seas lo más feliz que se pueda ser en esta vida.

Si por alguna razón yo no cumplo para ti ese significado,
esa meta, o yo no soy la persona que te lleva a ti por ese canal,
todos esos planes quedan cancelados
y prometo que no los vuelvo a tocar.

He mantenido distancia para que te encuentres
y tengas el aire necesario para respirar de ti.
Solo así se llega a uno mismo.

Pero nunca pierdas de vista la felicidad,
ese canal por donde todos queremos pasar esta vida,
pues no hay otra manera de vivir.

Quiero que seas feliz y verte vivir… solo eso.

La vida es la secuela de la felicidad, y mi felicidad,
es la secuela de ti.

SU LUZ ES FUEGO

Hay personas que encuentran partes de ti en ellas,
y tú nunca encuentras tenerlas.
Sin la dedicación del detalle y el tiempo que te espera,
nunca imaginarías ser tanto escalón sin escalera.

Esas personas llegan
y te crean.
Te reinventan, te rinden
y te sueñan.

Descubres que nunca te has sabido bien,
y quien eres es solo una fracción de la mitad.
Un sueño sin usar.
La tierra sin gravedad.

La energía de la transformación
viene con esas personas.
Sus miradas son sanadoras,
y sus ideas se visten de auroras.

Te deja sin respirar
la luz que lleva ella,
y su inmensidad es tanta,
que deja de verse ella.

Deja de reconocerse y se miente.
Le da amnesia su recuerdo.
Es el destello gigante del viento
que su alma produce, es un misterio.

Por eso me gusta cuando llueve.
En cada gota, ella sucede.
Vemos la lluvia caer y así nuestros silencios
con la mirada se comunican, pero no pueden verse.

Me gusta como el viento
con su pelo baila.
En la frente le doy un beso,
y es delirio como arrebata.
Y así mientras se sueña,
recojo la última gota de su reflejo.

Su luz es fuego,
y dentro de burbujas,
sabe respirar.

EL CAOS ES ORDEN Y EL ORDEN CAOS

Muchas veces me pregunto
si me piensa.
Si en algún lugar remoto de su cabeza,
encaja mi pieza.

¿Será que me busca
sin poder verme,
o como no puede verme
ya no me busca?

Quisiera salir corriendo a su lado
y decirle cuánto la extraño.
Que este mundo se me hace extraño
si no estoy a su lado.

Cada día que pasa
es una excusa callada.
Un motivo más para pensar
que la veré mañana.

Pero llega mañana
y no cambia nada.
Sigo viendo su sonrisa entre las nubes,
todas las mañanas.

Y así van los días
jugando con mis sentimientos.
Pasar sin ella la vida,
es ganar tiempo muerto.

Sentir lo que siento,
es vivir a destiempo.
El caos tiene un orden,
y el orden le echa de menos.

DUEÑO DE LAS LUCES

Porque creo en ti, la espero a ella.
Tú sabes lo lindo que siento por ella.
No tengo idea de qué es lo que piensas,
pero me aferro a su voz y es ella mi espera.

Quizás nunca seamos
algo que creaste con tus manos.
Quizás juntas enfrentemos
la vida eterna a tu espejo.
Quizás de lo que te hablo
es un sueño que me hace daño,
pero su sonrisa parece cuento
y tú eres su motor, eres su reflejo.

Eres el dueño de lo que siento.
Eres dueño de lo que sueño.
Eres dueño de sus momentos,
eres la inspiración de lo más bello.

Por eso vivo queriendo verla.
Vivo por ti y por sus estrellas.
Porque tú me enviaste como luz sin huella;
velo por sus sueños, y voy sin pena.

Velo que cuide ser siempre ella.
Velo su vuelo, ¡para que vuela!
Eres dueño de las luces y alumbras los Vedas,
que sorprenden a quien escuche
que no hay luz, sin ella.

SOMOS TODO Y NADA ESTÁ MAL

Eres todo y eres nada.
Eres luz y eres sombra.
Eres sexo y eres amar.
Eres mente, y alma.

Eres un ser sentimental y eres razón.
Eres un ser emocional y eres lógica.
Eres cuerpo y eres espíritu,
y nada de esto, está mal.

Eres lo que sientes y eres completa.
Eres tú y eres entera.
Eres paz y eres guerra,
y nada de esto, está mal.

Somos angustia y tristeza,
somos nobleza y bondad.
Somos coraje y valentía,
somos amor y verdad.

Somos fuego y agua,
somos aire y mar.
Somos todo lo que nos forma
y nada de esto, está mal.

Somos seres completos
con una simple verdad:
somos tan humanos
que está bien, fallar.

Eres cielo y tierra,
eres miedos e inseguridad.
Eres debilidad y eres fuerza,
eres orgasmos y honestidad.

Somos todo en uno,
somos más luz que oscuridad.
Somos mucho más completos
- cuando entendemos -
que nada de esto, está mal.

AGRADECIMIENTOS

Luego de terminar este libro no me queda mucho más que decir, aparte que no hubiese terminado sin la ayuda de personas que son indispensables para mí. Primeramente, gracias a mi madre, Cándida Rodríguez, por la edición total del libro. Gracias por cuidar tanto cada detalle y gracias por cuidarme a mí, toda la vida. Me faltarán vidas para agradecerte a la altura de lo que das y te mereces. Gracias a mi amigo Laureano De Jesús por el arte ilustrado de la cubierta. Debemos aprender a comunicarnos tan bien como lo hacen tus dibujos, mi admiración total para ti. Gracias a mi mejor amiga y hermana de la vida, Greicha Febus Class, por el diseño y montaje de la cubierta, pero más importante aún, gracias por creer en mí, quedarte siempre y apoyarme en todas mis locuras. Gracias a mi familia, mi padre William Ortiz, y mis hermanas Aleyda Casanova y Nicole Samara. Porque sin ustedes no sería quien soy, no apostaría en lo que siento y mucho menos creería en lo que doy. Son la más noble y grande inspiración de mi vida. Por último, gracias a *Hashem* y a la vida… Que por el Dueño de las Luces es que tengo motivos para vivirla, y sin la vida, no tendría ningún motivo sin antes haberlo vivido.

ÍNDICE

www.ingramcontent.com/pod-product-compliance
Lightning Source LLC
Chambersburg PA
CBHW051736040426
42447CB00008B/1160